¿El sentido de la vida?

Cubierta y diseño editorial: Éride, Diseño Gráfico
Dirección editorial: Ángel Jiménez
Ilustración portada: Tomás Mora

Primera edición: marzo, 2026

¿El sentido de la vida?
© Javier García
© éride ediciones, 2026
Espronceda, 5
28003 Madrid

éride ediciones

ISBN: 979-13-87643-66-9
Depósito Legal: M-5765-2026
Diseño y preimpresión: Éride, Diseño Gráfico

Este libro protege el entorno

Javier García

¿El sentido de la vida?

éride ediciones

Juan Javier García García
'Javier García'

Escritor. Guionista cinematográfico. Miembro del CEC nº 35 -Círculo de escritores cinematográficos. Crítico de cine. Fotógrafo. Director general de la revista de internet LAS ESTRELLAS, Mis amigos (www.estrellas5.blogspot.com.es). Redactor y ayudante de edición y maquetación del periódico decano de la sierra del noroeste de Madrid SIERRA Madrileña fundado por: D. Luis Murciano; así como: SIERRA Deportes, y la Revista PERFIL de la Sierra. Coleccionista de fotografías del mundo cultural español, en su haber, posee una exposición dedicada a la interpretación española. Muchas estrellas nacionales e internacionales consideran a Javier García como *el mejor periodista*, que les ha realizado *su mejor entrevista*, destacando como la más empática y divertida de poder leer y conocer. En abril 2018 publica su primer libro LAS ESTRELLAS, Mis amigos sobre diez entrevistas. En el año 2021 publica su segundo y su tercer libro completando la trilogía de LAS ESTRELLAS, Mis amigos en Éride Ediciones. En el mismo año 2021 publica con su amigo y compañero Miguel Vigil la novela histórica, basada en hechos reales PILAR HIMMLER. Sin límite de mal de Éride Ediciones. En octubre 2019 por encargo de Tony Antonio, presidente de ASHUMES (Asociación del humorismo español), y de Edmundo Arrocet *'Bigote Arrocet'* vicepresidente, se publica el libro ¡Hasta luego, Lucas!, como homenaje nacional al maestro del humor: Gregorio Esteban Sánchez Fernández *Chiquito de la Calzada*, en la editorial Cajón de sastre. En noviembre 2022 publica el Manual GANAR-GANAR, compendio de sabiduría y enseñanza basado en investigaciones de la autoayuda y la superación personal y grupal de Éride Ediciones. En noviembre 2024 se publica la obra teatral 'La clepsidra' de Éride Ediciones. En mayo 2025 se publica la obra teatral 'Poder satánico' (2025) de Éride Ediciones. Este libro que tiene Ud. entre sus manos, nos ofrece una obra titulada '¿El sentido de la vida?', final de una trilogía dedicada exclusivamente al teatro (2026).

Tomás Mora
«Ilustrador de portada»

También conocido como el Morador de Sueños. Ilustrador y artista plástico. Ha realizado sus estudios en la Escuela Arte-Neo de Madrid, donde cursó el master 'Ilustración digital y tradicional'. Su carrera como ilustrador le ha llevado a trabajar para distintas agencias de publicidad como Leo Burnett, Ogilvy, Mushroom o Shackleton; y a ocupar el puesto de director artístico en la agencia Tropografik de Barcelona durante más de dos años viajando a Copenhague y Estocolmo en busca de nuevas tendencias artísticas.

Dentro del sector editorial ha trabajado en portadas e ilustraciones de fantasía y de ciencia ficción para las editoriales: Extinta, Tres Inviernos, Babidibú, El Círculo Rojo, así como ilustraciones de prensa para el Diario ABC y la Revista El Caso.

Se desenvuelve cómodamente en otros sectores creando conceptos para: videojuegos, portadas de juegos de mesa, diseños para carátulas de discos de música, etc.

Su obra personal se identifica en una vertiente surrealista, con gran versatilidad en la gama cromática y de altos contrastes de claro-oscuro en la paleta, dando especial importancia a las texturas que ofrecen las distintas técnicas gráfico plásticas. Estos trabajos le han llevado a participar en diferentes exposiciones y eventos artísticos en territorio nacional.

Actualmente, sigue realizando proyectos en diferentes ámbitos, tanto fuera como dentro de la península española.

Ilustrator & Graphic Designer
Tel: 629 50 13 80
Tomasmora.com
tomasilustrador@gmail.com

Índice

Personajes:

JESÚS AMORES MENDOZA: 75 años. Guionista y escritor.

LUZ PONCE CERVANTES: 70 años. Escritora.

JAVIER AMORES PONCE: 55 años. Jardinero.

PRUDENCIO GARCÍA ALARCÓN: 50 años. Mozo de espadas.

BENIGNO GARCÍA LÓPEZ: 30 años. Matador de toros.

JUAN ÁLVAREZ GARCÍA: 35 años. Capitalista.

6 personajes

Espacios de la obra
—Aclaraciones del autor—

La obra se desarrolla en un escenario único y minimalista a partir de la segunda escena. Durante toda la representación se vislumbran tres sillas flamencas en torno a una mesa redonda muy taurina y española, adornada con varios libros. Al fondo, amplias telas negras con detalles muy vistosos acerca del mundo literario y taurino, unidas a un mantón de Manila. Destacan, colgados varios cuadros pintados con cierta personalidad bohemia y expresiva que atraen con suma elegancia, a los espectadores teatrales que asisten a la representación.

ACTO I

El deseo de conocerse

Escena 1.

Sin abrir el telón del teatro, y de cara al público asistente a la representación. Iluminación encendida.

(Nos encontramos con dos de sus protagonistas: Luz, y Jesús sorprendido por lo que están viendo sus ojos en esos precisos momentos. Escuchamos reflexiones de Jesús Amores hablando en un tono de voz alta al respetable público del patio de butacas. Él mismo nos presenta cómo conoció a su mujer; y Luz, que nos aparece en una oscura nebulosa soledad, ideada a la perfección por la producción, como si tuviéramos el poder de adentrarnos en la mente de nuestro protagonista para trasladarnos a aquel día en que él mismo vivió con tanta intensidad su enamoramiento a primera vista. Luz permanece callada con miradas perdidas hacia el fondo del teatro.)

JESÚS AMORES   *(Declarándose y dirigiéndose al público asistente. El actor realiza un monólogo repleto de descriptivos detalles precisos de conocer.)* Me encontré con la mujer más linda, llamativa y fascinante que habían visto mis ojos. Estaba tartamudo, cobarde y temeroso con la dificultad de querer hablarla... ¡Su piel parecía de un oro nacarado, irisado y tornasolado, muy reluciente! Su mirada atesoraba varios matices irreales, como si fueran dos gotas deseables de mieles recién cosechadas, todavía siento el olor de aquel encuentro.

Los perfumes naturales de todo su cuerpo me colmaban el aire limpio y fresco de mi necesaria intimidad, como si fueran mis deseados y tiernos melocotones que desayuno por las mañanas claras.

He tenido la oportunidad de estrechar sus manos, son de un tacto muy fino, como si acariciase la suave seda proveniente de la India. Cada día es una página en blanco que debo así aprovechar.

Hallo, una vez más, una voz sosegada, tierna, cálida, acogedora, pura y cristalina. En verdad, me tiene fascinado esta bellísima mujer. Y me trae a mi memoria los incesantes vaivenes de las hojas jóvenes frescas, de aquellos tullidos árboles cercanos a mi ciudad natal... *(con mucho sentimiento de gozo, por parte del actor)* y en su aire más privado me encuentro con su sumiso aliento, de una inmensa dulzura, en aquel pan de pueblo recién horneado

que regresa a mi nariz, un tanto res-
pingona.

Ella, en verdad *(haciendo una pausa)*
es la partitura ideal de la historia de
mi vida. Quiero compartirles a todos
ustedes, mi propia historia, aquí comienza.

*(La iluminación se apaga, dando paso
a la segunda escena.)*

Escena 2.

Se abre el telón, con iluminación encendida. Vemos un escenario único y minimalista.

Invierno de 1982 en la Sierra de Madrid, El Escorial. Casona de la finca familiar de la familia Amores.

JAVIER AMORES
(Inquieto y con nerviosismo. Sus manos se mueven sin control en un círculo algo vicioso, sin fin.) Los acabo de ver. Están aquí, entre nosotros.

JESÚS AMORES
¿Quién está aquí, hijo? ¿Por qué estás tan nervioso?

JAVIER AMORES
¡Papá, las personas que quieren quedarse con nuestras tierras! Pronto convertirán toda esta zona que hoy tenemos en peligrosa. Van a traernos vertidos tóxicos para destruir nuestras cosechas. Nos causarán graves enfermedades… ya, no hay manera de pararles.

JESÚS AMORES
¡Cálmate, hijo! Veo que te va a salir el corazón por la boca. No entiendo lo que me quieres decir.

JAVIER AMORES
(Con más calma y explicándose de mejor manera.) Creo que son ecologistas

que quieren apropiarse de todas las tierras que se encuentren a su alrededor. Son padre e hijo.

JESÚS AMORES   Con razón he visto esta mañana a varios vecinos hablar de la venida de unos extranjeros que estaban preguntado qué casonas estaban en venta. A mis oídos ha llegado que eran ganaderos de reses bravas que querían instalarse en una finca grande preparada para acoger ganado. Creo estar seguro de ello. Lo mismo yo estoy equivocado, no me hagas mucho caso.

(Funde a negro para dar paso a la siguiente escena.)

Escena 3.

La escena se ilumina de nuevo sobre el escenario.

Jesús mantiene una conversación con su hijo Javier sobre cuál es el sentido de la existencia humana en el planeta Tierra. Javier viene de plantar semillas de frutas y de verduras en el amplio huerto que posee la familia en el terreno de su finca familiar. Varias colonias felinas merodean por el huerto, son grupos de gatos domésticos callejeros, consecuencia directa del abandono de los vecinos que viven cerca.

JESÚS AMORES

(De forma pausada y tranquila.) Para ti hijo, ¿cuál es el sentido de la vida?

JAVIER AMORES

El principio de la vida para subsistir es el trabajo, y que el orgullo de realizar un excelente trabajo sea la forma de manifestar nuestra grandeza. El uso de nuestros talentos en su máxima expresión.

JESÚS AMORES

Los talentos de cada persona son importantes y hay que desarrollarlos para sentirnos realizados, eso sí que es cierto. Todo trabajo tiene un sentido cuando se realiza por la necesidad de dar, de dar con nuestro propio esfuerzo para la satisfacción de las demás personas.

JAVIER AMORES

Sí, sí, sí. Estoy de acuerdo en lo que dices.

JESÚS AMORES

En la medida en que nuestros trabajos produzcan resultados, así vamos a ir obteniendo nuestras recompensas. La vida es un camino lleno de obstáculos.

JAVIER AMORES

Es la fuente inagotable de la riqueza material y espiritual para cada uno de nosotros, y de las demás personas. He de decirte que necesitamos del trabajo de los otros… y las otras personas, del trabajo de uno mismo.

JESÚS AMORES

Todos nos necesitamos, de una u otra forma. El secreto para nunca trabajar es disfrutar de lo que hacemos, entonces, el trabajo se convierte en un verdadero placer. El ejemplo lo tienes delante, en tu madre y en mí, que nosotros disfrutamos ideando y escribiendo relatos, es decir, haciendo novelas y otros escritos para el disfrute y el deleite de las personas que nos leen y que nos siguen.

JAVIER AMORES
La propia vida no nos da para cumplir cuanto la vida nos ofrece. El tiempo debe ser un amigo y a la vez un contrincante, para así tenerlo en el redil de nuestros beneficios. Dios le ha entregado a cada persona todo lo que necesita para vivir y ser feliz. Trabajo, amor, salud y… *(realiza una pausa muy necesaria para respirar)* la felicidad, a su criterio de cómo se quiera entender para vivir así su propia existencia. Es verdad que vivir es proyectarse ante la emoción de percibir la maravilla de toda la creación que nos rodea. Saber que hoy es el momento de gozar y de desafiarse a sí mismo ante cualquier adversidad.

JESÚS AMORES
Me alegra que pienses de esta manera, hijo. Vivir es gozar de los momentos bellos, es aprender más cada día, evolucionar para hacernos mejores que el día anterior. Vivir es amar intensamente a través de una caricia, escuchar en silencio esa palabra del ser amado, es perdonar sin replicar una ofensa, es besar con pasión a quien de verdad nos ama.

JAVIER AMORES
La alegría de un niño, escuchar al adolescente sus inquietudes, acompañar a las personas que lo necesitan, como los ancianos. Comprender al amigo

ante la adversidad, sentir que nuestro vivir no ha sido en vano, en la medida en que nos atrevamos a dar lo mejor de nosotros en cada momento. Permanecer en la paz ante la presencia de Dios, contemplando el silencio en la inmensidad de su ser.

(Y atravesando el umbral aparece Luz para unirse a la charla distendida de sus dos grandes amores, el de su marido y el de su hijo.)

LUZ PONCE

(Prestando oído a lo que dicen, su hijo y su marido.) ¿Cómo están mis chicos hoy? ¿De qué estáis conversando?

JAVIER AMORES

De cuál es el sentido de nuestra vida. Qué aspectos debemos tener en cuenta para alcanzar la paz y la felicidad. *(Se lleva en este instante, su mano derecha al mentón de su rostro, en un estado de reflexión, muy pensativo.)* Tengo preocupación también por las colonias felinas que nos merodean por el huerto. Debería de controlar más el número de gatos, mantener la colonia en buenas condiciones higiénico-sanitarias.

LUZ PONCE

Muy interesante. *(Reflexionando de manera pensativa.)* Las consecuencias directas de las colonias gatunas *(se para*

21

y piensa por un momento) es que hay muchos vecinos que abandonan a sus mascotas, no los quieren. Es un problema que debes de afrontar, hijo, si no quieres que aumenten el número de gatos por tu huerto. Nosotros ya no pasamos a verlo, y es definitivamente responsabilidad y propiedad tuya.

JAVIER AMORES   Sí, sí. Estoy pensando en hacerles como una especie de casona, de guarida, para poder controlarlos y tenerlos con más higiene. Reunirlos a todos sí que estaría muy bien para identificarles mejor con el microchip, y así adoptar las medidas necesarias de más control.

LUZ PONCE   Me parece buena idea, además, siempre puedes acudir al grupo de voluntarios que tiene el ayuntamiento para estas colonias que se van haciendo tan numerosas. Y volviendo al sentido real de la vida, decirte que través de la lectura y de la escritura coges más conocimiento de lo que es nuestra existencia. Tener la felicidad es alcanzar un cálido abrazo de alguien que te lo ofrece sin pedírselo. A mí me gusta descubrir a las personas cuando me demuestran toda su grandeza en su sencillez. El amor es un fuego que hay que alimentar cada día. Ciertas mujeres que se me acercan... me han confesado que las lecturas les aporta más memoria e imaginación, que pueden viajar y conocer países, rincones escondidos, costumbres que no conocían... y son así, más felices a la hora de resolver sus tareas diarias. Os puedo decir que cuando estoy impartiendo conferencias y vosotros no estáis presentes, descubro los destellos de los ojos de los participantes, ese brillo en los ojos de los que desean aprender algo nuevo. Descubrir lo desconocido es un éxtasis de aprendizaje.

JESÚS AMORES

(*Asintiendo con la cabeza.*) La experiencia, cariño, la experiencia. Uno de los momentos donde descubrí toda la grandeza del ser humano fue en el parto de Javier al poderle coger en brazos. La primera vez me di cuenta de que me convertía en un orfebre de Dios; y cuando mantuvo los ojos bien abiertos, en esas miradas inocentes de un niño.

JAVIER AMORES

Para mí, el momento más grande de mi vida es cuando me di cuenta a los quince años de que era el fruto del amor de vosotros. Nuestro destino es amar intensamente, y que sea por siempre, hasta los últimos días de nuestras vidas. Os tengo que dar las gracias porque sois para mí una fuente inagotable de amor, de aprendizaje y de sabiduría. ¡Gracias por ser los mejores padres!

LUZ PONCE

Y os preguntaréis ¿dónde están las manos de Dios cuando veis las injusticias, las corrupciones y las explotaciones que se aprovechan de las personas indefensas?

JAVIER AMORES

Sí que existen muchas injusticias en el mundo, algo que es posible remediar *(con breve pausa)* en parte. Recuerdo, paseando por las calles de Sevilla a una joven que se arrastraba por las calles. En su cara se delataba su hastío de vivir, solamente buscaba sobrevivir. Sus labios mal pintados, con un vestido ceñido a su delgado cuerpo que vendía a quien se le acercaba a preguntarla. Una niña *(parándose un instante a pensar)* que debía tener unos catorce años, más o menos. Sí que me acordé de nuestro Señor Jesucristo… ¿dónde estaban sus manos para ayudarla a salir de ese infernal mundo de la prostitución?

LUZ PONCE

Yo me encontré con algo bastante parecido, con un zaguán miserable en su vestir, sucio y tiritando de frío. Su mirada me reclamaba una caricia y le pude ver sin esperanzas vagar con la compañía de un perro callejero.

JESÚS AMORES

Las manos de Dios somos todos nosotros, hijo ¡con la voluntad, el conocimiento y el coraje para luchar por un mundo más humano y más justo! Cada persona con sus ideales, desafiando el dolor, la crítica y la blasfemia pueden ser las manos salvadoras de Dios, nuestro Señor. Hay personas que tienen las manos sin llenar, que no han dado lo que deberían de dar todavía. Hay que usar el amor para conquistar la grandeza de la creación. El mundo necesita de esas manos contributivas para forjar una nueva civilización buscando valores superiores. Todavía no se ha entregado todo el amor que Dios nos ha dejado, hay que devolverlo al mundo. Hay que mostrar gratitud al Señor, nuestro Dios.

(La iluminación de la escena se apaga. Se mantiene el telón abierto.)

Escena 4.

Vuelve a iluminarse el escenario.

La representación sigue su andadura para dar paso a dos protagonistas cruciales: Prudencio y Benigno García, padre e hijo que hacen su aparición, ambos, dedicados al mundo de la tauromaquia.

Habitación 525. Año: 1986. Noche. Hacia las nueve la luz tenue de las farolas se adentra por la ventana que tiene una cortina blanca de hilillos muy finos que apenas se distinguen. Llegada del diestro 'El morenito' con su mozo de espadas y toda su cuadrilla.

PRUDENCIO GARCÍA ¡Qué grande la tarde de hoy! ¡Qué arte tienes hijo! Toreas como los demás toreros sueñan… de aquellos lances de largas cambiadas a una mano por arriba *(breve pausa necesaria en su explicación expresiva, como si torease con un capote)* rematando con una vistosísima revolera que han sido únicos. El público murmuraba que nunca los había visto de esta manera. Qué gran virtud tienes, camino estás de ser un torero de época, de leyenda.

BENIGNO GARCÍA

Sí, en verdad es que no he acertado con los aceros. El público ha respondido a las dos faenas de manera positiva, ¿verdad?

PRUDENCIO GARCÍA

Has estado como las figuras, no se puede pedir más. Ese valor que demuestras al estar delante de esos dos pitones tan astifinos del primero es algo asombroso. ¡Qué belleza en esas revoleras al aire! Parece que toreas haciendo el arcoíris. Y ese modo que tienes de capear tan seguro. ¡Arte! De saber dar el paso ante el toro, y toda la quietud, que aporta el bien andar delante del animal… Sublime, has estado realmente sublime, hijo.

BENIGNO GARCÍA

Su lado bueno ha sido el derecho, aunque la visión la tuviera algo defectuosa. Me he sentido muy a gusto en los lances a la verónica… y ¡cómo ha entrado a la muleta!, con una facilidad enorme. Ha sido un gran toro. El público ha pedido el indulto.

PRUDENCIO GARCÍA

Estábamos muy cerca del ganadero. Hemos escuchado que le ha dicho al alguacilillo que por favor comunicase al presidente que se matara, que no quería otro semental entre su ganado. Y la plaza, ¿qué me dices de la plaza? Nunca la había visto tan llena de pañuelos blancos. Como si fuera un palomar que echase a volar, con miles de palomas pidiéndote los trofeos *(haciendo una breve pausa)* ha sido algo grande *(con sorpresa muy expresiva con las manos)*, hasta los areneros han dejado sus aperos para aplaudirte.

BENIGNO GARCÍA *(Dando la orden a su mozo de espadas, su padre.)* Tírame del pantalón fuerte, se me quedan pegados a los muslos y se sacan con mucha dificultad.

PRUDENCIO GARCÍA Ten cuidado con la taleguilla Beni, porque tiende a quedarse encajada… ¡cuidado con tus partes!

BENIGNO GARCÍA *(Algo sonriente y afable con su padre, su mozo de espadas y representante.)* Lo que no entiendo es por qué no me ha cogido el primero, por el pitón izquierdo era muy peligroso, he tenido que taparme mucho en varias tandas. En dos ocasiones se me ha colado ¿verdad? El arrimón ha sido importante, y es que tenía que hacerlo.

PRUDENCIO GARCÍA Las manos de Dios han estado contigo, hijo. El mundo del toro necesita de esas manos salvadoras; así nos lo manda nuestro Señor. No puedes quejarte porque le has cortado las dos orejas y el rabo. ¡Ha sido una tarde en plan figura del toreo! Pégate esa ducha tan merecida y te espero con toda la cuadrilla en el comedor del hotel, a ver si podemos cenar un poco. Acuérdate de bajarte las dos pastillas de la noche para la tensión y yo te pido esa infusión de canela con manzana para que te calme antes de irte a descansar, la vas a necesitar.

BENIGNO GARCÍA   En quince minutos, no más, estoy listo. Gracias por desvestirme. En la capillita dejo las dos estampas del Señor y la de la Virgen, ya las colocaré mañana temprano, tengo que buscarles el sitio adecuado.

PRUDENCIO GARCÍA   Son dos de los regalos de la hija del empresario de la plaza, que te tiene en muy buena estima. El empresario me ha dejado dicho que mañana se realiza el encierro de las reses que se lidiarán por la tarde. Es una ganadería a la que tiene él mucha confianza. Estaremos la cuadrilla y yo en el sorteo, a ver si te toca otro lote tan bueno como el de hoy.

BENIGNO GARCÍA   Me vendría bien salir a correr un poco de mañana temprano para estar más fuerte, más en forma.

PRUDENCIO GARCÍA ¿Y vas a correr el encierro, como en otras ocasiones? Esta vez, creo que no te conviene.

BENIGNO GARCÍA No, no, no. No tengas preocupación. Salgo a correr algo alejado de las calles del encierro, solamente es para estar más preparado, así estoy más fuerte y más tranquilo.

PRUDENCIO GARCÍA En estos momentos es mejor no correr grandes riesgos, estás en un momento muy bueno de tu carrera. Aléjate lo que más puedas de los focos de los periodistas y de los aficionados.

(Se apaga la iluminación de la escena e inmediatamente se vuelve a encender para la siguiente escena.)

Escena 5.

Habitación 525, de mañana temprano sobre las seis de la mañana. Benigno 'El Morenito' se levanta despertando a su padre que duerme en la misma habitación pero en otra cama separada.

BENIGNO GARCÍA   Parece que vamos a tener otro día estupendo. A ver si luce el sol y las cosas nos salen igual que ayer.

PRUDENCIO GARCÍA   Sé prudente cuando salgas del hotel. Ponte las gafas de sol y que te indique el recepcionista cuál es la puerta más adecuada para salir, alejado de las miradas de la gente. El chándal y las zapatillas de deporte los tienes en la bolsa deportiva, y llévate el chaleco reflectante para que te vean los coches. *(Con gran admiración.)* Hijo, te lo digo pocas veces... pero... ¡estoy muy orgulloso de ti! Ahora es tu gran momento para demostrarte y triunfar. Y déjame que te cuente el chiste de nuestro amigo Juan 'El sevillano', toda la cuadrilla no paraba de reírse: Esto son dos moscas comiendo en una mierda de un semental, y le dice una a la otra ¿te puedo contar un chiste?, y la otra le responde que sí, pero que no sea tan guarro, porque está comiendo. ¡Qué facilidad tiene este Juan para memorizar tantos chistes que le cuentan!, es algo increíble.

Benigno García   *(Ríe con cierta discreción.)* Je, je, je. Tiene ese gracejo sevillano tan atrayente, que te atrapa con su habla. Sigue siendo un amigo muy divertido. Por cierto, tenemos que darle ya su gratificación por sacarme a hombros de la plaza.

Prudencio García   Ten mucho cuidado con los coches que se te crucen. Y en el desayuno te tomas las pastillas y la pastilla de la vitamina D, aquí encima de la capillita te las dejo.

Benigno García   *(Cogiendo con determinación su reloj.)* Me llevo el objeto que gobierna nuestras vidas a diario.

Prudencio García   Es el contador que avanza sin tener cierto sentido. El reloj no te perdona, no se detiene ante nadie. Haces bien en llevártelo porque lo que pierdas hoy en tiempo, lo pierdes de verdad, y la rutina nos sigue ganando.

Benigno García   Imagina levantarte y no sentir que el reloj es tu enemigo, sería fantástico, cada segundo que pasa, es un paso hacia un día que has hecho tuyo, no es solo un día que tachaste en el calendario.

El tiempo pasa sin darnos apenas cuenta, tenemos el control en nuestras manos.

PRUDENCIO GARCÍA Hay que aprovechar muy bien el tiempo, tiempo que desperdicias, tiempo que ya no vuelve. ¿Y para ti, hijo, qué es el mundo del toro? ¿Qué significado tiene?

BENIGNO GARCÍA ¿Cómo yo lo veo? Significado todo, lo tiene todo porque es un mundo lleno de valores, me atrevería a decirte que es casi como el resumen de la vida misma. En una corrida *(se confiesa de manera profunda y con un gran sentimiento a su progenitor)* está lo que es toda la vida, la muerte, lo que son las cogidas, la sangre, la del toro y la mía, el caerte y el levantarte, la motivación y la perseverancia por conseguir alcanzar tu meta propuesta. *(Hace una pausa para respirar.)* La belleza, todo el amor, la pasión, la gloria, el triunfo, el fracaso… Cuando estás viendo todo esto a diario *(se le encienden con brillo los ojos)*, al final te das cuenta de que hay que vivirlo con mucha intensidad *(haciendo otra pausa muy necesaria, y a continuación, eleva su tono de voz)* pero sin perder por ello la cabeza ¡eeehhh! El mundo del toro es una cultura universal que une a las personas por una pasión común, ¡y de pronto!, te encuentras que es mucho más de lo que nos une, es algo que nos impacta, pero que no sabes cómo explicarlo. La tauromaquia es ese regalo cultural de la diversidad en el mundo y de la responsabilidad de su cuidado… depende, muy mucho, de la generación que nos viene empujando, de esa juventud con hambre y con sed de triunfo, de comerse el mundo. ¿Te acuerdas cuando era novillero? Las ganas de triunfar y de ser figura del toreo, ¡qué ganas tenía entonces!

PRUDENCIO GARCÍA   Me acuerdo hijo de la cornada de Zaragoza. Lo pasaste mal en aquel momento. (*Con pausa en su conversación.*) Fue muy difícil.

BENIGNO GARCÍA   (*El rostro le demuda en este instante.*) La cornada la recordaremos siempre, fue una que dicen *de espejo*, con la cicatriz visible cerca de mi boca. Cada vez que me afeito por las mañanas la tengo muy presente en este lado izquierdo, ya que me afrenta la cara, y siento algo de vergüenza. Creo que ha sido un paso muy importante en lo que llevo ya toreado. Y me voy ya a correr, que se hace tarde, te veo dentro de dos horas.

(*Se apaga la iluminación del escenario.*)

ACTO II

Vida entre personas

Escena 6.

(Sin encender la iluminación, y por los altavoces del teatro, como introducción de un gran testimonio documental, para todo el conocimiento del respetable público asistente a la representación.)

Con un aire frío que mordía, aquel día de 1940 se empezó a construir el campo de exterminio nazi más grande que el mundo ha conocido. En un extenso campo casi abandonado de un territorio polaco, Auschwitz-Birkenau comenzó su andadura. Un campo donde se cometieron los mayores crímenes de la cúpula alemana que resultó ser una de las mayores matanzas que el mundo ha conocido. Adolf Hitler lideró la solución final alemana, con la intención de exterminar a todos los judíos de Europa.

Luz Ponce Cervantes y Jesús Amores Mendoza son dos de los protagonistas supervivientes de aquella masacre acaecida en la Segunda Guerra Mundial. Años después de la liberación de los campos de exterminio, nuestros protagonistas se conocen y mantienen un amor de pureza terrenal que muy pocos ansían

*alcanzar. Aquí comienza su historia lle-
na de vida y de verdad.*

*Escena que tiene su continuación en la
siguiente...*

Escena 7.

Se sube el telón, y se enciende al completo, el escenario del teatro.

Vemos a Luz tomando un té rojo reconfortante junto a su marido Jesús. Los dos ancianos están hojeando un álbum de fotografías de cuando ambos se conocieron en la juventud.

LUZ PONCE

¿Te acuerdas de cuando nos conocimos? Qué gran amor nos procesábamos.

JESÚS AMORES

Mujer, el amor es un arte que nunca se llega a aprender. Sí que me acuerdo, porque a lo lejos te pude ver sentada en la parada del autobús 55, como lo venías haciendo cada mañana. Yo llevaba ese día un ramo de flores entre las manos (*el actor hace una pausa muy sentida*), y me atreví a acercarme y decirte que tienes la belleza de todas las flores del mundo, y que sonrieras más a menudo. En aquel instante pensé que podrías ser una buena compañera para mi soledad. Pienso que el ser humano se forma o se deforma a sí mismo con la fragua de sus pensamientos.

LUZ PONCE	Siento en mi ser que he pasado toda una vida junto a ti, cariño. Por vez primera, me incendiaste completamente, me enamoré de ti, sin darme yo cuenta.
JESÚS AMORES	(En modo pensativo.) ¿Te arrepientes? Me parece que todos nos olvidamos fácilmente de mantenernos en el amor, en el respeto y en el cariño que nosotros nos guardamos. Las personas forjan todas sus armas para su propia destrucción y, elabora, mansiones de felicidad, fortaleza y paz sin casi darse cuenta de ello. La buena elección de todos sus pensamientos, la tranquilidad y la espera ascienden a una perfección, digamos que efímera. ¿Nosotros somos realmente felices? El abuso y la mala aplicación de la mente desciende en su nivel de bienestar. Date cuenta de nuestros vecinos (haciendo una ligera pausa para respirar y responder) ya no se quieren.
LUZ PONCE	Los vecinos, tanto Lola como Manuel son unas personas bastante desconcertantes, lo mismo te están haciendo una fiesta con todos sus amigos y, de repente, te hacen todo lo contrario, los dos mantienen una reñida pelea para escoger el lugar donde deben de ir de vacaciones. El ser humano es el

amo de su propio pensamiento, sí, el formador de su carácter y el artífice y señor de todos ellos. *(Respirando de manera profunda y haciendo una gran pausa, muy necesaria.)* Por aquel entonces yo también quería encontrarme con mi nuevo amor y apareciste como si fueras un soplo de aire renacido con ese ramo tan bonito.

JESÚS AMORES

Y fíjate, en esta fotografía descubrimos el tierno amor por los animales, en especial, por los perros. Lástima que Tom tuviese las dos patas delanteras mutiladas, el sufrimiento tuvo que ser muy grande. *(Con tono melodioso, bajito y embaucador.)* Estaba con mucho miedo cuando nos lo encontramos ¿verdad cariño?

LUZ PONCE

Era todo un amor de fiel compañero, siempre estaba a tu lado con deseos de hacerte alguna fiesta para que no te vinieras abajo en tu abatimiento. Una verdadera fortuna es la que tuvimos al querer adoptarlo.

JESÚS AMORES

No tenía ningún chip que lo identificara. Tan quietecito delante de la doctora de la veterinaria. Le durmieron enseguida para amputarle la otra pata delantera por todo el olor de putrefacción que desprendía… ¡qué olor tan desagradable! Tom ha sido muy bueno con nosotros, con sus emociones festivas, con sus cariñosos lametones y con sus miraditas tan lánguidas cuando nos encontrábamos tristes en los días de lluvia.

Luz Ponce — Los andares eran muy peculiares. ¡Qué gracioso que era! Con el instrumental ortopédico se manejaba a las mil maravillas. Tan graciosamente moviendo sus partes delanteras cuando nos veía entrar por la puerta. ¡Qué recuerdos me vienen a la cabeza! Son tantos…

Jesús Amores — Le dimos una buena vida, ¿verdad?

Luz Ponce — Desde entonces, no ha entrado un animal en nuestras vidas. Estoy convencida de que tuvo una vida plena, muy familiar y feliz junto a nosotros, siempre estaba contento. Alegres tiempos del ayer, que no han de volver, sin una justificación breve para renacer. Todavía sigue viva la llama en mí, de esos sueños de poder continuar con la tienda de mascotas.

Jesús Amores — La tienda resultó ser una auténtica ruina, Luz. Tuvimos que poner dinero para pagar a Paula y a Juan. Creo que acertamos en cerrarla de manera definitiva.

Ahora somos más felices viviendo de los royalties y del dinero ganado de nuestros libros.

(Recuerdos del viaje a Australia, en la continuación de la tercera edición de la saga Amores conocidos*.)*

JESÚS AMORES   La saga de *Amores conocidos* que escribimos entre los dos se tradujo a treinta idiomas. El éxito fue abrumador en todo el mundo, alcanzamos seis ediciones vendidas.

LUZ PONCE   En verdad que hemos podido viajar por todo el mundo. ¿Te acuerdas de las seguidoras en Australia? Conocimos a los canguros más de cerca.

JESÚS AMORES   Tenemos fotografías de la presentación. A ver si las encuentras. Se volvieron completamente locas de emoción al conocernos. Nunca pensaron que nos conocerían en persona. Una experiencia inolvidable. Como dice el dicho: *Haz lo que esté en tu mano y deja que la vida te haga el resto.*

LUZ PONCE   Curiosa reflexión. Forma parte del sentido de la vida.

(Los ancianos descubren en su búsqueda la llave dorada que les abre un

apartado de correos. En su interior se encuentra una caja con una segunda llave junto a una biblia con varios evangelios destacados.)

Luz Ponce

Aparece la llave dorada que nos abre aquel apartado de correos, que seguimos pagando su alquiler ¿recuerdas?, y que guardamos con tanto celo. En su interior recuerdo que metimos una caja con una segunda llave dorada y una biblia con evangelios destacados para nuestro hijo Javier. A ver si le decimos.

Jesús Amores

Hace ya tiempo que la estaba buscando, no tenía mucha idea de dónde la había guardado. Estoy seguro de que eran dos las llaves doradas facilitadas por la oficina de correos, creo que la segunda llave permanece en el interior del apartado. Ni me acuerdo de lo que escribimos en aquel folio doblado dentro de la biblia.

(El telón sigue abierto mostrando otra escena, en el mismo espacio escénico, con la iluminación encendida.)

Escena 8.

Animada charla que mantienen Jesús y Luz recordando vivencias acontecidas en el campo de concentración nazi.

LUZ PONCE

La reconocí de inmediato. A mi amiga de la infancia la podría haber visto de entre toda una multitud. Sentí varias emociones al mismo tiempo. Pensé tanto en ella... Me imaginé tantas y tantas cosas vividas que, al verla no supe qué hacer, me quedé inmóvil. Un soldado me apartó de la fila con un empujón fuerte que caí de rodillas ante el abundante barro del campo maldito.

JESÚS AMORES

Pero... ¿Estuviste en el campo de Auschwitz?

LUZ PONCE

Sí. Un campo donde pude presenciar horribles crímenes. En la entrada grabado en un arco metálico nos dice que el trabajo nos hace libres ¡ja!, mentira, mentira y mentira...

JESÚS AMORES

Yo también estuve, ¿y por qué no me lo dijiste? Nosotros llegamos de madrugada, en el conticinio de la noche, momento en el que cesó el ruido, y reinó la quietud de la oscuridad. Nos informaron muy amablemente que nos despojáramos de todas nuestras pertenencias... que estarían a buen recaudo. Todos pensábamos que éramos parte de la solución de ayuda que les íbamos a dar para reconstruir los barracones tan descuidados. Y de ninguna de las maneras, nos engañaron y nos desnudaron para pasar a tomar unas duchas de desparasitación, pues así nos lo indicaron.

LUZ PONCE

¿Y qué os pasó después? Recordar aquellos tiempos no es muy agradable, la verdad, pero cuéntame. (*Con el interés de saber más de lo acontecido.*)

JESÚS AMORES

Nos iban seleccionando para ir a unos barracones donde poder descansar, y a otros se los llevaban a no sé qué sitio. Nunca más los volvimos a ver.

LUZ PONCE

¡Los mataron, como a tantos otros! A los más fuertes les dejaban dormir para rendirles en el trabajo al día siguiente, según los dispusieran los mandos superiores. Yo llegué al campo en un tren como el tuyo. Todas nosotras estábamos ateridas, con heridas abiertas y con un miedo atroz en el cuerpo, inmenso. Muchas estaban embarazadas y al bajar del tren las mataban sin piedad alguna con un tiro en la sien. Los mandos se decían entre ellos que no servían para el trabajo teniendo un hijo dentro. El idioma alemán se me quedó grabado cuando vivía con mis padres en Alemania, lo entendía a la perfección. Muchos momentos los he salvado al conocer el idioma alemán.

JESÚS AMORES   ¿Y por qué te llevaron al campo?

LUZ PONCE   Mis padres proveían de una familia judía, ellos eran judíos y los soldados hicieron una redada en el barrio donde nosotros vivíamos.

JESÚS AMORES   Entiendo. ¿Cómo viviste en Auschwitz?

LUZ PONCE   Las que sabían coser y arreglar ropas las iban seleccionando para trabajar en los almacenes de la costura, y entre muchas, yo fui una de las elegidas. Por supervivencia me eligieron entre todas las mujeres para encargarme de poder organizar todo el almacén de la costura y el ropaje militar alemán. Descubrieron entonces que yo hablaba perfectamente el alemán y tuve un trato más exclusivo en habitaciones más cuidadas que las de los barracones.

JESÚS AMORES   ¡Qué años tan malos pasamos!

LUZ PONCE	Años grises, de desánimo y de una esperanza que nos liberara de la tiranía y de la crueldad que padecíamos en nuestros maltrechos cuerpos. La esperanza de salir vivos de allí era completamente nula. Menos mal que nosotros sobrevivimos al holocausto.
JESÚS AMORES	El austríaco loco de Hitler se suicidó en el búnker de Berlín con Eva Braun, ¡hay que ser cobarde…!
LUZ PONCE	(Interrumpiendo a su marido.) Lo que es una mente enferma. No tenía que haber sucedido jamás. La tarde del 30 de abril de 1945, no se me olvidará esa fecha, los dos se quitaron la vida en el búnker de la cancillería. Hitler había cumplido cincuenta y seis años hacía dos días. La historia de lo que aconteció siempre me ha gustado estudiarla.
JESÚS AMORES	Entonces sí sabes lo que sucedió; porque todo el mundo carecía de información, nadie sabía lo que hacía el país vecino. Se conquistaron territorios a golpes de armas… y de destrucción masiva.
	(Al hacerse de noche Luz le dice a su marido que tiene que preparar la cena dejándole solo.)

LUZ PONCE   Amor, no te pongas a fumar, ya sabes
                         que no te sienta bien. Tengo que pre-
                         parar la cena, se nos ha hecho de no-
                         che entre tantas fotografías y recuer-
                         dos.

JESÚS AMORES   De acuerdo, yo me quedaré un rato
                         más, me avisas en cuanto esté prepa-
                         rada.

LUZ PONCE   Échate algo por encima que tenemos
                         el cuarto algo frío, no vayas a coger
                         un catarro. (*Lo dice con cariño.*)

                         (*Sigue la iluminación encendida, dan-*
                         do paso a la siguiente escena.)

Escena 9.

Regresa a la estancia Luz para contarle a su marido un acontecimiento milagroso.

LUZ PONCE

Jesús ¿te acuerdas de nuestra vecinita Lola?

JESÚS AMORES

Sí. La ancianita bondadosa que reparte caramelos y golosinas a todos los pequeños *(hace una ligera pausa)* y a las niñas que se acercan a ella.

LUZ PONCE

Eso es. Resulta que María, mi amiga María *(pequeña pausa necesaria)* me contó que se hizo un milagro delante de ella. Como ya sabes, su niña de diez años nació muda; y ella y su hija se encontraron con Lola en el tren. Lola llevaba entre sus manos una biblia pequeña y un rosario… proclamaba la venida de El Mesías pronto. Anunciaba la necesidad de estar preparados para cuando el Señor llegase.

JESÚS AMORES

(Algo nervioso y con expectación interrumpiendo a Luz.) ¿Y qué le dijo María, la saludó?

LUZ PONCE

Le dijo que era una vieja muy pesada y que se echara a un lado, que se apartara a otro sitio, porque la molestaba.

JESÚS AMORES

Entonces, ¿qué pasó?

LUZ PONCE

La anciana Lola se apartó avergonzada al otro lado de los asientos del tren. Y algo sorprendente sucedió porque Carmencita, la hija, empezó a hablar y a decirle a su madre que la anciana tenía una biblia y un rosario muy bonito. Humillada, María cayó arrodillada de inmediato ante Lola, le dijo que la perdonase porque no había visto a Jesús en su persona. Parte del vagón se asombró y le preguntaba a María el por qué se había arrodillado, a lo que María les respondía que era un milagro que su hija estuviese hablando, porque era muda desde su nacimiento. Lola se bajó del tren, no sin antes dar a Carmencita varios caramelos. Los viajeros y María se apresuraron a mirar por las ventanillas y no vieron donde estaba Lola, la ancianita había desaparecido.

JESÚS AMORES

Así se darán cuenta los no creyentes, el poder que tiene nuestro Señor Jesucristo. Y, ¿qué ha sido de Lola?

LUZ PONCE

No he vuelto a verla. María me contó que los milagros existen y no ha vuelto a ser la misma desde entonces. El vínculo con su hija sigue siendo muy grande, tiene un amor tan puro que casi me da miedo. Sor Carmencita viene a visitarla muy a menudo, y más después del fallecimiento de su padre Juan. Carmen es la directora del convento 'La sangre de Cristo'.

JESÚS AMORES   ¿Y María cómo está? ¿qué sabes de ella?

LUZ PONCE   Lo que te digo, que sigue quedando con nosotras, con todas las amigas a tomar café y a charlar, pero ya es muy mayor, tiene noventa años y con el deseo de que el Señor se la lleve pronto. Está muy estropeada, dice que su hija es su ángel de la guarda.

(Se sucede otra escena, en el mismo espacio escénico con iluminación encendida.)

Escena 10.

Llega a la estancia Javier Amores que conversa con su madre Luz Ponce, acerca de un acontecimiento que le ha sucedido cerca de la Puerta del Sol de Madrid al encontrarse con un amigo de la infancia.

JAVIER AMORES Estaba apoyado en una farola y me he encontrado con mi amigo Pedro. Su mirada profunda, su boca burlona y su ademán de superioridad, yo diría que indolente, delataba que no se esperaba que yo coincidiera con él, en el mismo kilómetro cero de la Puerta del Sol.

LUZ PONCE Seguirá igual, despreocupado en el vestir, con una mirada oblicua y ojos impasibles… como si no fuese nada con él ¿a qué sí?

JAVIER AMORES Son personas frías, incapaces de padecer o de sentir. Me ha saludado en la distancia levantando su cabeza, sin gestos de que me conociese de hace años.

LUZ PONCE ¿Y qué ha sucedido después? ¿Cuéntame?

JAVIER AMORES   Nada, nada en especial. Nos hemos saludado, y hemos estado hablando de cómo han cambiado los antibióticos, uno de los inventos científicos más importantes de la vida. Los descubridores: Louis Pasteur y Robert Kock los descubrieron en 1877 y, en 1928, Alexander Fleming descubrió la penicilina con propiedades antibióticas.

LUZ PONCE   Muchas vidas han sido salvadas gracias a la existencia de los antibióticos. Enfermedades mortales que dejaron de serlo.

JAVIER AMORES   Me ha contado que hoy en día no se vigilan los desechos de los medicamentos, y algunos, pueden tener incidencia en efectos negativos para el medio ambiente y para la salud.

LUZ PONCE   ¡Qué interesante, hijo! Pedro siempre ha sido un intelectual, yo te diría que inventor de éxito. Siempre ha tenido en mente superarse a sí mismo, inventando. ¿Te acuerdas cuando inventó ese brebaje, algo extraño, que contenía gas con el agua natural? Luego le echaba unos líquidos para cambiarles el color y que fuesen más apetecibles para el consumo humano. ¿Sigue inventando?

JAVIER AMORES	Me dice que está en un laboratorio y sí, sigue con sus inventos. Hoy, en la investigación para la medicina. Te puedo contar que los dos hemos puesto freno a un hombre que estaba insultando a una mujer y que casi la pega si no llegamos a estar nosotros e intervenir.
LUZ PONCE	¿Cómo es eso? ¿No te habrás metido en líos?
JAVIER AMORES	Por supuesto que no, mamá. Los dos hemos intentado parar al hombre, que ha decidido marcharse a toda prisa, corriendo, ante la presencia nuestra. Yo creo (*pensativo en este instante*), que la mujer tenía un negocio entre las piernas y, le ha rechazado, el irse con él. Papá ha corrido detrás de él, pero no le ha alcanzado.
JESÚS AMORES	Es cierto. Habíamos quedado Javier y yo para tomarnos un aperitivo y he visto el jaleo formado. He salido corriendo hacia él, pero no he podido alcanzarle. Y al otro lado de la calle he saludado a Prudencio y a su hijo Beni, el torero.
JAVIER AMORES	Papá, son las dos personas de las que te dije que nos iban a quitar las tierras, es que las he reconocido de inmediato, ¡en cuanto las he visto!

JESÚS AMORES	Hijo, esas dos personas, como te he dicho, se dedican al mundo del toro… son Pruden y Beni, personas que conocí en la plaza de toros de Madrid, en Las Ventas, y no son peligrosas.
JAVIER AMORES	¡Ya, ya! (*Asintiendo con la cabeza hacia arriba, y abajo.*) Pero el susto que me dieron cuando vinieron preguntando por la casona de la finca cercana a nuestro chalet, ese susto no me lo quita ya nadie.
JESÚS AMORES	Puedes estar muy tranquilo, no son una amenaza. Están dedicados a la profesión del toreo.
JAVIER AMORES	Sí, sí, sí, ya me he dado cuenta al pararnos y conversar con ellos. 'El Morenito' y su padre nos han contado varias anécdotas muy interesantes; tendrías que haberlos escuchado (*Dirigiéndose a su madre Luz Ponce.*) Además, Benigno nos ha dicho que va a torear pronto en Madrid.
LUZ PONCE	Me alegra que no os metierais en líos, el mundo está muy revuelto y, por menos de nada, ya estáis inmersos en una disputa que nada os conviene. Por cierto, hijo, hemos encontrado la llave dorada que abre el apartado de correos del que te hablamos. Cógela y guárdala,

cuando ya faltemos la utilizas para abrir el contenido de la caja que hay en su interior.

JAVIER AMORES   Gracias a los dos. Al fin habéis encontrado esa llave de la que tanto me habéis hablado tanto, y tanto tiempo.

JESÚS AMORES   Es el único testamento que te dejamos, de vez en cuando, acércate por correos a comprobar que está todo en orden.

JAVIER AMORES   Gracias, papá.

(La iluminación se apaga, se baja el telón. En diez minutos comenzará el tercer acto de la representación.)

ACTO III

La dorada juventud ¿para quién soy?

Escena 11.

Se abre el telón de manera muy elegante, y vuelve la iluminación.

PRUDENCIO GARCÍA ¿Qué esperas del siguiente festejo, hijo?

BENIGNO GARCÍA La ganadería tiene mucho gancho para el aficionado, yo espero que respondan bien los animales a los engaños, sobre todo a la muleta.

PRUDENCIO GARCÍA La cuadrilla espera que el lote que nos toque sea bueno. Hijo, tienes que decidirte por un traje de luces, si quieres ponerte el traje de sangre de toro o el traje de color berenjena y oro, los dos te van a sentar muy bien. También puedes ponerte el blanco inmaculado de plata con el toque de distinción de la chaquetilla en oro, esta combinación aún no la has llevado.

BENIGNO GARCÍA Sí *(de manera pensativa)*. Pues la verdad es que me apetece mucho poder lucir el blanco de plata con la chaquetilla en oro, algunos compañeros lo llevan y sí, sí que quisiera lucirlo.

(Entra por la entrada del hotel al hall Juan Álvarez, el amigo capitalista, muy fiel, de ambos.)

Juan Álvarez	¡Hombre! Don Morenito, mi gran amigo. ¿Cuánto tiempo hace ya que nos conocemos? Y su padre Prudencio, ¿qué hay de esa buena gente…?
Prudencio García	¡Amigo Juan! *(con gran acogimiento)* que alegría de verte por aquí, te estábamos esperando para darte tu gratificación. Tú ya sabes que el motor del mundo es el cariño, y nosotros te queremos mucho, eres, como de la familia ¿verdad, hijo?
Benigno García	*(Abrazándole y estrechándole la mano.)* Gracias por toda tu ayuda Juan, la salida a tus hombros ha sido apoteósica y llena de mucha emoción. Los aficionados han estado de diez.
Prudencio García	Ven y siéntate un rato con nosotros. Aquí tienes el sobre con lo pactado; te vas a encontrar algo más porque te lo mereces.

(Juan Álvarez se sienta en el sillón y revisa el sobre con el dinero recibido.) |
| Juan Álvarez | Muchas gracias. Muy agradecido a los dos. Me gusta juntarme con vosotros porque sois buena gente, gracias por vuestra confianza. |

BENIGNO GARCÍA	Llevamos toda la vida juntos Juan. ¿Te acuerdas de los juegos de niños? Desde entonces es que nos conocemos, tendríamos unos nueve o diez años. ¿Has encontrado ya trabajo? ¿Por qué no trabajas?
JUAN ÁLVAREZ	Porque tengo un problema de obesidad y de vista.
BENIGNO GARCÍA	Sigues siendo una buena persona. Sé que estás en tratamiento por la obesidad, pero... ¿de la vista?
JUAN ÁLVAREZ	El problema que tengo de la vista es que no me veo trabajando. (*Riéndose socarronamente escondiéndose con la manga de su chaqueta.*)
BENIGNO GARCÍA	(*Haciéndole reír también.*) ¡Qué bromista que eres! Sigues dando humor a la vida.
JUAN ÁLVAREZ	Me he presentado a varias entrevistas y me dicen que sienten no contratarme por mi sobrepeso, no confían en que yo les pueda hacer un buen trabajo. A ver si vosotros que tenéis relación con ganaderos me pudieran contratar en sus ganaderías.

(*Apagón inesperado, e intencionado por la producción teatral. Aparecen nuestros tres protagonistas con velas, y una radio antigua a pilas.)*

Prudencio García   No te preocupes, tengo tu teléfono para avisarte. ¿Qué ha sido de Alfredo, aquel chaval que rondaba a María Cristina, la hija de la panadera? Hace ya tiempo que no sabemos de él.

Juan Álvarez   Si yo os contara... Alfredo sigue siendo un tipo fino y elegante, el más listo de nuestra pandilla ¿verdad Beni? ¡Qué buenos ratos hemos pasado con él. Tuvo un accidente de coche y arrastra una pierna, la izquierda, se apoya en una muleta. Tiene un aspecto enfermizo, con mirada seria y rostro siempre pensativo, trabaja en un banco y se ha vuelto muy déspota y distante, con mucho ego y fachada. Me lo encontré cierto día en el banco y hablamos un instante, me contó que se había casado con María Cristina, pero que le gobernaba mucho, que siempre tenía que hacer lo que ella quisiera en ese momento. Su vida ha cambiado mucho, como de ciento ochenta grados. Y es que cada uno tiene que vivir su vida y ser feliz, le encontré muy, muy, pero que muy distante, no quiso quedarse con mi teléfono por si tuviera algún trabajo para mí, me llevé un disgusto, con los amigos que éramos.

(Vuelve la luz al escenario, y los actores apagan sus velas.)

PRUDENCIO GARCÍA Yo te digo que no puedo darte lo que no tengo, sin embargo, por una amistad como la tuya voy a intentar hablar con ganaderos y con empresarios para ver si tienen trabajo para ti. ¡Menos mal! Ha vuelto la luz.

BENIGNO GARCÍA Ha sido un momento. *(Breve pausa, algo pensativo.)* ¿Recuerdas a Jesús, que quiso comprarse un loro y lo devolvió? *(En un tono jocoso y algo divertido.)*

JUAN ÁLVAREZ Sí. ¿Y por qué lo devolvió? La verdad es que nunca lo he llegado a entender, con lo que él quería tener un loro de compañía.

BENIGNO GARCÍA Lo devolvió porque decía que el loro era hembra, y que su problema era que le discutía todo lo que él le decía, que no le hacía ya caso alguno.

JUAN ÁLVAREZ Ese chiste ha sido bueno, sí. ¿Sabes que cuando te sientas hay algo dentro de ti que te impide alcanzar tu paz interior?

BENIGNO GARCÍA ¿Cómo es eso que hay algo dentro de mí?

Juan Álvarez	Sí, y que tienes que liberarlos, son los pedos. (*Riéndose con ganas.*)
Benigno García	Le dice una amiga a la otra, mi marido es vidente. ¿Qué tiene dos dientes?, ¿tú eres tonta? Que te echa las cartas. Tú sí que eres tonta, entonces será cartero, hija mía.
Juan Álvarez	Escucha este. ¿Qué le pasa a mi hijo, doctor, es grave? Pues, una de dos, o es sordo o, genéticamente, es gilipollas. ¿Sabe usted lo que son los sonotones? Y le responde ¿lo que me cuelga de los cojones? Bien, descartaremos la sordera entonces…
Prudencio García	Los dos sois unos humoristas geniales. Yo os voy a contar otro. Mi esposa me dice que, si volviera a nacer se volvería a casar conmigo. No entiendo por qué tanto odio, ¿qué le he hecho yo a esa mujer?… ¿Es bueno eh? Tengo otro: Hoy me he levantado muy, muy feliz. ¿Por qué tanta felicidad Paco? Porque estoy regalando los viajes gratis a la mierda, y con todos los gastos pagados. (*Riéndose a carcajadas.*)
Benigno García	A ver quién me supera. ¿Mamá, qué es lo que tienes en la barriga? Pues tengo un bebé que me ha regalado tu

padre. El niño la mira con cara de asustado y sale corriendo hasta donde está su padre y le dice: ¡Papá, papá! ¡No regales, más bebés a mamá porque se los come!

JUAN ÁLVAREZ   Os cuento otro. Es un piropo para una mujer que lo escuché a unos pintores de brocha gorda, que pintaban una fachada. Del cielo bajó un pintor para pintar tu figura, pero no encontró color, para tanta hermosura.

BENIGNO GARCÍA   Seguimos con los pobres. Qué pobre es el labrador que no puede labrar el trigo, pero más pobre soy yo, si no puedo estar contigo.

JUAN ÁLVAREZ   Bueno ese. Un hombre a una mujer hermosa. Me gustas tanto, me gustas tanto, que no me importa enredarme con las redes de tu encanto.

PRUDENCIO GARCÍA   ¡Qué buenos ratos pasamos! Hay que subir ya a la habitación hijo, tenemos que prepararnos para ir a la plaza pronto. Juan, ¿te vemos en la plaza? Pide en la taquilla tu entrada a nombre de Benigno 'El morenito'. Y como siempre, si hay problemas me das un toque por el teléfono. (*En estos instantes, se dirige y habla directamente a su hijo Benigno.*) Esta mañana te hice muy bien la silla hijo, con todos los detalles como a ti te gusta, espero no haberme olvidado de nada. He de decirte que las espadas estaban algo sucias y las he encintado y cambiado la gamuza a cada bola, rematándolas con unas puntadas para que no se suelten.

Benigno García   Bien hecho, padre. *(Y confesándose, con el más puro sentimiento de honestidad para sí mismo, para su padre, y para el respetable público sentado en sus butacas de preferencia.)* Vestirme es el momento para mí más personal e íntimo. El cuerpo y el alma se mentalizan para después jugarse la vida delante del toro.

(La iluminación de la escena es apagada.)

Escena 12.

Iluminación que se enciende nuevamente, para dar paso a la última escena.

Padre e hijo mantienen una conversación acerca de la continuidad de una vida futura en presencia de nuestro Señor Jesucristo, después de la muerte.

PRUDENCIO GARCÍA ¿Es la muerte el final de nuestra existencia?

BENIGNO GARCÍA La fe en Dios nos dicta que no es el final el morir. El cuerpo descansa, pero el alma sigue viva. En la casa del Padre existen muchas moradas y nos viene a decir la Santa Biblia que él es la luz que reposa en nosotros. La eternidad nos espera en una morada muy preparada para el beneficio nuestro.

PRUDENCIO GARCÍA Pero, ¿le temes a la muerte, hijo?

BENIGNO GARCÍA Más que temer a la muerte es tenerla respeto. Respeto ante algo desconocido que te puede sobrevenir en un instante, o en la misma plaza al torear esa res brava salida de la naturaleza misma de la vida. En la sociedad en que vivimos la muerte se obvia y, en ocasiones, se oculta deliberadamente junto con la vejez, la enfermedad o el dolor *(breve pausa de Benigno)*, es la fiesta de los toros la que enfrenta a la muerte desde todos los planos. *(Con gestos, algo pensativo.)* Cada vez que piso un albero estoy más feliz de tener la comunión perfecta con el animal que voy a lidiar. Pienso siempre que me va a ayudar… y que voy a salir con la victoria de poder cortarle las dos orejas y el rabo o indultarle.

PRUDENCIO GARCÍA   Estás hecho de otra pasta, hijo. Si es lo que quieres hacer, yo estaré a tu lado todo el tiempo que necesites y quieras que esté. Ahora, vamos a vestirnos para la corrida que nos espera… ya sabes, que tengo que atarte muy bien esos machos que recién hemos comprado, a mi entender, deben ir bien centrados y bien sujetos. Te colocaré también la castañeta, que en la última corrida se te desprendió sin darnos apenas cuenta, muy bien sujeta, sin la más mínima sensación que tengas de holgura. La camisa y el corbatín te los ajusto sin pliegues ni dobleces. Y las medias deben ser como una segunda piel para ti, sin arrugas, y bien estiraditas. Hoy estrenamos, eso sí, unas zapatillas preciosas, elegantes y muy relucientes con los lazos altivos y pomposos, tal, y como a ti te gustan.

(La iluminación es apagada, en un silencio responsorial, para poder escuchar lo que nos dicen los altavoces del teatro.

Por los altavoces se anuncia que Jesús Amores y su hijo desean subir a la habitación del torero 'El morenito' para desearle suerte. El recepcionista realiza una llamada por teléfono interno a la habitación, y el padre Prudencio le responde… para decirle al empleado que pueden subir a visitarles.

Se vuelve a encender la iluminación, encontrándose Jesús y Javier con sus amigos.)

PRUDENCIO GARCÍA ¡Pasad, pasad! Estáis en vuestra casa.

JESÚS AMORES ¡Gracias por dejarnos subir! ¿Qué tal estáis amigos?

BENIGNO GARCÍA Estoy a punto de empezar a vestirme. ¡Qué alegría el poder veros de nuevo! Quedaros un rato.

JAVIER AMORES No tenemos intención de molestar, si necesitas estar solo para vestirte más tranquilo, nos vamos.

(Diferentes puntos de vista sobre la felicidad se debaten entre los personajes masculinos de las dos familias, mientras

'El morenito' junto con su padre, mozo de espadas, sigue vistiéndose para el próximo festejo.)

JAVIER AMORES

Todo un placer estar con vosotros en el momento de vestirse para la próxima corrida de toros. Además, veo que tienes muchas estampas de santos y de enseres religiosos. ¿Te protegen en los momentos de más exposición delante de los toros?

BENIGNO GARCÍA

Tengo mucha devoción por ciertas imágenes, y sí, siento que en algunos momentos decisivos me protegen. Las sensaciones cuando realizo los primeros pases frenando las embestidas del animal son de temor, y de miedo después, a lo desconocido, a todos esos fantasmas oscuros; miedo al miedo que se desvanece cuando encuentro apoyo en mis pensamientos de haberme encomendado a mis devociones de imágenes en esta pequeña capillita que yo me hago, antes de salir hacia la plaza. Las imágenes en mi cabeza salen con intensidad para protegerme de ese animal tan bravo que es el toro. Cuando estoy de rodillas, es decir, en el momento de a 'porta gayola' suelo rezar mucho.

JAVIER AMORES	En verdad, poder conocer los pensamientos que tenéis los diestros es como encontrarme conmigo mismo respondiéndome cómo me sentiría yo, en ese mismo instante.

PRUDENCIO GARCÍA — Después de las graves cogidas que hemos tenido los dos, puedo deciros, con gran conocimiento de causa, que miras a tu alrededor de manera diferente; hemos desarrollado un mundo interior especial, casi diría que algo místico, de enorme respeto ante las circunstancias que pueden llegar a sucedernos. Lo dijo, creo recordar, el maestro Juan Belmonte: «La muleta es como un pincel que aguarda acariciar las embestidas del fiero animal; el capote el que te da la gloria, y la espada es la que te da el triunfo». Afirmaciones que siempre tengo muy presente ¿verdad, hijo?

BENIGNO GARCÍA — La vida empieza y acaba en muy poco tiempo, en un suspiro. La condición humana es vulnerable y, al final de la vida, acaba con la muerte. Nosotros, los que nos dedicamos toda una vida al toro, retrasamos en parte, ese tránsito hacia la muerte.

JESÚS AMORES — Una reflexión muy interesante Benigno, un apunte más para la confección de las historias de mis próximos libros.

73

Benigno García	Me comentabas que eras escritor ¿verdad? ¿Cuántos libros tienes publicados?
Jesús Amores	Pues no puedo decirte con exactitud porque cuando llegué a los cuarenta perdimos la cuenta. Tenemos, entre mi mujer Luz Ponce y yo, muchos que han sido traducidos a varios idiomas. El género que más hemos escrito ha sido la novela histórica con tintes de novela romántica; y se han hecho series muy interesantes a partir de nuestras novelas.
Prudencio García	¿En qué proyecto, si es posible decirlo, estáis trabajando?
Jesús Amores	Es un proyecto muy interesante sobre la felicidad y el sentido que tiene en nuestras vidas. ¿Cuándo llegas a la ancianidad quieres seguir viviendo? ¿Es buena la vejez?
Prudencio García	La vejez llega despacio, sin hacer apenas ruido, implacable.
Jesús Amores	¡Qué razón tienes!, la vejez es una amiga que está sentada conmigo. La belleza de la juventud se desvanece y deja paso a una belleza distinta. Cada arruga, cada línea de mi rostro es un testimonio real de los años ya vividos,

de las alegrías, de las lágrimas y de las experiencias que me han formado a lo largo de mi vida.

JAVIER AMORES   Tú todavía sigues teniendo memoria, papá.

JESÚS AMORES   La memoria es muy caprichosa, la he desarrollado mucho con la lectura, y con los años. Hay días que recuerdo con claridad los detalles más pequeños, los olores, los sabores de mi infancia. Otros días, lo que quiero decir se me escapa, se esconde en los rincones más recónditos de mi cabeza. He aprendido a no preocuparme demasiado. Cada momento que olvido es una oportunidad para crear otro nuevo.

PRUDENCIO GARCÍA   La vejez es una maestra severa. Hay que tenerla paciencia, hay que vivir el presente sin aferrarse al pasado. La vejez no es el final, es el comienzo de una nueva etapa de la vida.

JESÚS AMORES   Es una nueva etapa que está llena de sabiduría, de serenidad. Una etapa donde se aprende que la vida tiene altibajos y subidas preciosas. Es un gran regalo. Y aunque mi cuerpo se haga más frágil, el espíritu sigue siendo fuerte, lleno de fe y de esperanza…

Javier Amores	No te vengas filosófico y melancólico.
Jesús Amores	*(Interrumpiendo a su hijo.)* Hijo, me ha enseñado a valorar lo que tengo, y a dejar ir lo que ya no puedo cambiar. Me ha mostrado la paciencia como bien nos ha indicado Prudencio antes, y la gratitud de vivir el presente, sin por ello aferrarme al pasado.
Javier Amores	¿Qué harías Benigno, si sabes que hoy es el último día de tu vida? ¿A qué dedicarías esas últimas horas entre hoy y mañana?
Jesús Amores	La pregunta no es baladí, es más compleja y profunda de lo que uno pueda imaginarse.
Benigno García	*(Contesta rápidamente, sin respiro por dejar hablar a los demás.)* Sin caer en el egocentrismo, en el individualismo y en la indiferencia por los demás, yo creo que buscaría el calor de la familia, de los seres queridos, despedirme de los que realmente he querido en vida. Tengo mucha fe en Jesús… y saber que vas a vivir en un nivel muy superior, es una auténtica alegría que quieres disfrutar cuanto antes, mejor.
Jesús Amores	¿Deseas que se acabe el día?

BENIGNO GARCÍA   En cierta forma, sí. Más que nada, ponernos en manos del Padre, de pedir de su amparo y de su protección, de expresar nuestra pequeñez, nuestra falta de entendimiento ante el misterio de la vida y de la muerte, de orar con confianza y con abandono; además, de dar las gracias por todo lo que has vivido, por lo aprendido, y por lo que recibiste en vida.

JESÚS AMORES   El evangelio según San Marcos 13:33-37 nos dice: «Estad alerta, velad; porque no sabéis cuándo es el tiempo señalado; (…) porque no sabéis cuando viene el señor de la casa, si al atardecer, o a la medianoche, o al canto del gallo, o al amanecer; no sea que venga de repente y os halle dormidos. Y lo que a vosotros os digo, a todos lo digo: ¡Velad!».

PRUDENCIO Y BENIGNO   (A la misma vez) ¡Qué memoria!

JESÚS AMORES   (Respondiendo rápidamente.) ¡Cierto!, porque tuvimos un encargo de restauración de la Santa Biblia, y a los evangelios les dimos muchas, muchas vueltas hasta conseguir escribirlos adecuadamente bien.

PRUDENCIO GARCÍA Además de escritores, sois unos estudiosos del mundo cristiano, de la vida del prójimo, y del sentido único que nos encierra la vida.

(Se baja el telón anunciando el final de la representación teatral.)

(Oscuro final. Se vuelve a subir de nuevo el telón, para recibir a todo el elenco actoral. Aplausos y saludos finales. Finaliza la representación.)

Esta primera edición de
¿El sentido de la vida?,
de Javier García,
terminó de imprimirse
en marzo de dos mil veintiséis.